AF369934

VENTE PAR SUITE DE DÉCÈS

LE LUNDI 16 DÉCEMBRE 1889

HOTEL DROUOT ✢ SALLE Nᵒ 4

D'UN TRÈS BEAU

MOBILIER

Tableaux Modernes

———✳———

Exposition

Le Dimanche 15 Décembre 1889

COMMISSAIRE-PRISEUR :	EXPERT :
Mᵉ GAUTHIER	M. B. LASQUIN
Rue Boulainvilliers, 25	*Rue Laffitte, 12*

———

PARIS — 1889

IMPRIMERIE MAULDE et RENOU

A. MAULDE & Cie

IMPRIMEURS DE LA COMPAGNIE DES COMMISSAIRES-PRISEURS

Rue de Rivoli, 144. — Paris

CATALOGUE

D'UN TRÈS BEAU

MOBILIER

MODERNE

Salon de style Louis XVI en Tapisserie
Chambre à coucher en palissandre, Salle à manger en noyer ciré
Bronzes, Belle Suspension de Gagneau
Riches Tentures en velours de Gênes, Tapis de Smyrne
et en Moquette

TABLEAUX MODERNES

Par H. BARON, G. DE COCK, PILS, VEYRASSAT

Œuvre importante de ZIEM

GRAVURES, LIVRES, OBJETS DIVERS

DONT LA VENTE AURA LIEU

PAR SUITE DE DÉCÈS

HOTEL DROUOT, SALLE N° 4

Le Lundi 16 Décembre 1889

A DEUX HEURES

Mᵉ GAUTHIER	M. B. LASQUIN
COMMISSAIRE-PRISEUR	EXPERT
Rue Boulainvilliers, 25	Rue Laffitte, 12

CHEZ LESQUELS SE TROUVE LE PRÉSENT CATALOGUE

EXPOSITION PUBLIQUE

Le Dimanche 15 Décembre 1889, de 1 heure à 5 heures

PARIS — 1889

CONDITIONS DE LA VENTE

Elle sera faite au comptant.

Les Acquéreurs paieront CINQ POUR CENT en sus du prix d'adjudication applicables aux frais.

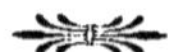

A. MAULDE et Cie, imprimeurs de la Compagnie des Commissaires-Priseurs,
rue de Rivoli, 144.   400—1457

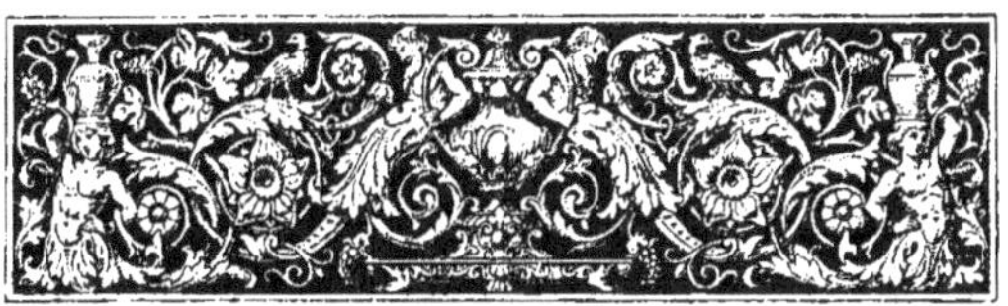

TABLEAUX ET AQUARELLES

—❦—

BARON (H.)

1 — Faune et Bacchante.

Bois : H. 0ᵐ21. L. 0ᵐ15.

CARTIER

2 — Taureau, Chèvre et Moutons.

Toile : H. 0ᵐ56. L. 0ᵐ71.

COCK (César de)

3 — Le Moulin à eau.

Bois : H. 0ᵐ30. L. 0ᵐ45.

DE MARNE (Attribué à)

4 — Paysage avec bestiaux au bord d'une rivière.

Bois : H. 0m36. L. 0m43.

GRANET

5 — Intérieurs de couvent.

Deux aquarelles.

H. 0m15. L. 0m18.

HELST (D'après Van der)

6 — Le Repas des arquebusiers.

Belle aquarelle d'après le célèbre tableau du Musée d'Amsterdam.

H. 0m29. L. 0m55.

PILS

7 — La Sentinelle (Infanterie de ligne).

Toile : H. 0m50. L. 0m36.

TENIERS (Attribué à)

8 — Fumeur assis.

Cuivre : H. 0^m26. L. 0^m20.

TOULMOUCHE

9 — Jeune Femme en buste.

Bois : H. 0^m13. L. 0 10.

VEYRASSAT

10 — La Charrette de blé.

Beau tableau de l'artiste.

Toile. : H. 0^m62. L. 0^m75.

VEYRASSAT

11 — Le Maréchal-Ferrant.

Importante aquarelle.

H. 0^m60. L. 0^m50.

VILLENEUVE (De)

12 — L'Étang de Moret.

ZIEM (1860)

13 — Caravane sortant du Caire.

Important tableau du maître provenant de la Collection Watelin.

Toile : H. 0^m77. L. 1^m43.

ÉCOLE HOLLANDAISE

14 — Marine.

ÉCOLE MODERNE

15 — Huit Aquarelles en deux cadres, Vues de Pompéi.

ÉCOLE ITALIENNE

16 — Sujet religieux.

Gouache.

H. 0^m40. L. 0^m36.

AMEUBLEMENT

SALON

17 — Beau Meuble de salon de style Louis XVI, en bois
noir sculpté, orné de rosaces et de rangs de
perles en bronze doré, garni de tapisserie fine
d'Aubusson moderne représentant des figures
d'enfants sur les dossiers et des paysages sur les
sièges.

Il est composé d'un Canapé, quatre Fauteuils
et quatre Chaises.

18 — Table à jouer, de même style que le meuble qui
précède, en bois noir, ornée d'une frise de rin-
ceaux en bronze ciselé et doré.

19 — Vitrine de style Louis XVI, en bois noir, ornée
de bronzes ciselés et dorés.

20 — Deux Meubles d'entre-deux en marqueterie de
bois à fleurs, ornés de bronzes.

21 — Table en marqueterie de cuivre, genre Boule.

22 — Miroir-Médaillon avec bordure dorée.

23 — Petite Table à ouvrage en marqueterie, genre Boule.

24 — Deux petites Chaises en bois doré garnies de soie brochée, genre Louis XVI.

25 — Chaise dite Chauffeuse garnie de peluche verte brodée.

26 — Chaise-Chauffeuse garnie de satin noir capitonné, avec bande de tapisserie à la main.

27 — Tenture murale de salon en beau velours de Gênes, à ornements en rouge ton sur ton (Env. 60ᵐ20).

28 — Deux Garnitures de fenêtres et Tenture de baie en peluche de soie rouge, avec galeries en bois sculpté et doré.

29 — Deux Chenets, de style Louis XVI, en bronze doré, riche modèle à vases-cassolettes et guirlandes.

30 — Deux Statuettes d'enfants en bronze, d'après PIGALLE.

31 — Grand Lustre en bronze doré, de style Louis XVI, garni de cristaux.

32 — Lustre à seize lumières en bronze et porcelaine décorée, genre Louis XVI.

CHAMBRE A COUCHER

—

33 -- Très bel Ameublement de chambre à coucher.
genre Louis XVI. en palissandre ciré de la
maison Drapier, composé d'un grand Lit de
milieu, une Armoire à trois portes à glaces et
une Table de nuit.

34 — Deux Garnitures de fenêtres en brocatelle vieil or
et peluche de soie turquoise.

35 — Deux Fauteuils confortables de même étoffe.

36 — Un petit Lustre Empire en bronze doré.

SALLE A MANGER

—

37 -- Très bel Ameublement de salle à manger en noyer
sculpté et ciré. de style Louis XIV (de la maison
Drapier, composé de : un Buffet à étagère, deux
Dressoirs, une Table ovale et de dix-huit Chaises
recouvertes de maroquin.

38 — Très belle Suspension de style Louis XIV (de chez
Gagneau), en bronze ciselé et doré, avec lampe
et vingt branches pour bougies, ornée de caria-
tides et de mascarons.

39 — Cartel de style Louis XVI en bronze doré.

40 — Tenture murale de la salle à manger en très
beau velours de Gênes rouge grenat, à dessins
Louis XIV ton sur ton (Environ 5_2^m65).

41 — Deux Garnitures de fenêtres en peluche rouge,
avec bandes de velours de Gênes pareil à celui
de la tenture murale.

※ ※ ※

ANTICHAMBRE

———

42 — Console-Portemanteau avec glace, en noyer ciré
(de la maison Drapier).

43 — Porte-Parapluie-Porte-Chapeaux en noyer ciré.

44 — Baromètre Louis XVI en bois sculpté et doré, à
feuilles de vigne.

45 — Tenture murale et deux grands Rideaux de baie
en drap vieux rose (Environ 12^m).

46 — Quatre beaux Volets en vitraux artistiques exécutés
par A. Ponsin, représentant des ornements de
style Renaissance.

※ ※ ※

TAPIS

47 — Tapis de Smyrne mesurant 5ᵐ55 sur 4ᵐ55.

48 — Tapis de Smyrne de 5ᵐ40 sur 4ᵐ55.

49 — Tapis en moquette de 6ᵐ sur 4ᵐ50.

50 — Tapis en moquette de 5ᵐ sur 3ᵐ environ.

51 — Grande Peau d'ours blanc, avec tête et griffes.

OBJETS DIVERS

52 — Étui en forme de livre, en maroquin rouge doré aux fers, contenant dix-huit Médailles relatives à l'Histoire de Napoléon Iᵉʳ.

Souvenir donné par Napoléon lorsqu'il était à l'île de Sainte-Hélène.

53 — Jardinière en faïence décorée dans le goût italien.

54 — Lanterne chinoise.

55 — Deux Figures en albâtre, d'après l'Antique.

56 — Coupe en serpentine de Florence.

57 — Vingt-six Assiettes en ancienne porcelaine de Chine et du Japon de décors variés en émaux de couleurs (Ce lot sera divisé).

58 — Garniture de Manteau en martre du Canada.

59 — Pèlerine en hermine.

LIVRES

—

60 — Environ **500 Volumes** reliés et brochés :

La Harpe, 18 vol.

Conférences sur la Religion, 3 vol.

Bossuet. Discours sur l'Histoire universelle, 3 vol.

Semaine Sainte.

Cooper, 14 vol.

Esprit de l'Histoire, 4 vol.

Histoire de la Révolution d'Angleterre, 3 vol.

Massillon, 14 vol.

Panthéon littéraire, 17 vol.

L'Histoire de France d'Anquetil, 14 vol.

Piron, 7 vol.

Gibbon, 5 vol.

Répertoire du Théâtre Français, 41 vol.

Paris-Versailles au xviii° siècle, 3 vol.

Montesquieu, 5 vol.

61 — Dessins et Gravures d'ornements.